Pe. Ferdinando Mancilio, C.Ss.R.

NOSSA SENHORA

MÃEZINHA DO CÉU

Editora Santuário

Direção editorial:
Pe. Fábio Evaristo Resende Silva, C.Ss.R.

Coordenação editorial:
Ana Lúcia de Castro Leite

Copidesque:
Ana Lúcia de Castro Leite

Revisão:
Manuela Ruybal

Ilustrações e Capa:
Reynaldo Silva

Diagramação:
Bruno Olivoto

ISBN 978-85-369-0420-7

4ª impressão

Todos os direitos reservados à **EDITORA SANTUÁRIO** – 2023

Rua Pe. Claro Monteiro, 342 – 12570-045– Aparecida-SP
Tel.: 12 3104-2000 – Televendas: 0800 - 016 00 04
www.editorasantuario.com.br
vendas@editorasantuario.com.br

APRESENTAÇÃO

A Editora Santuário, cumprindo sua missão catequética e evangelizadora, coloca ao alcance dos pais, catequistas e das Comunidades a Coleção **Sementinhas de fé**. O projeto quer ser um subsídio que complemente e dinamize o processo catequético, oferecendo os principais elementos da fé cristã, numa linguagem simples e adequada à idade das crianças, que estão sendo iniciadas em sua vida de fé.

Os livros foram concebidos para serem bastante interativos, com ilustrações e tarefas que despertam o interesse da criança em explorar e conhecer os conteúdos que serão aprofundados na catequese. Portanto, os livros podem ser usados tanto no contexto da catequese formal, oferecida pelas Comunidades, como também pelos pais, pastorais e grupos que trabalham com crianças.

Há desenhos intencionalmente preparados para a criança colorir conforme sua percepção. É bom deixá-la colorir conforme seu desejo. Melhor o adulto não interferir, mas sim dar uma palavra de incentivo. Os catequistas ou os pais poderão ajudar a criança a penetrar cada página, mas jamais subtrair sua reflexão. Quando a criança fizer uma pergunta, essa jamais poderá deixar de ser respondida, e é bom lembrar que a resposta não deve ser além de sua pergunta.

Neste décimo volume, intitulado **Nossa Senhora, Mãezinha do Céu**, queremos que a criança conheça melhor quem é Nossa Senhora, a criatura mais bonita de toda a terra e entre todas as mulheres: a Mãe de Jesus.

Desse modo, esperamos colaborar com a formação humana e cristã das crianças, ajudando os pais e catequistas a ter em mãos um material que os auxilie nesse compromisso de fé.

Tudo o que for feito para ajudar as pessoas, a começar pelas crianças, seja para a glória de Deus e de seu Filho Jesus Cristo. Assim seja.

Pe. Ferdinando Mancilio, C.Ss.R.

SUA MAMÃE É A CRIATURA MAIS BONITA DO MUNDO, POIS ELA DEU A VIDA PARA VOCÊ! E VOCÊ GOSTA MUITO DELA. ALÉM DE LHE DAR A VIDA, ELA AJUDA VOCÊ A VIVER! QUANTA BONDADE NO CORAÇÃO DE SUA MAMÃE!

MAS EU QUERO LHE FALAR DE UMA CRIATURA, A MAIS BONITA DE TODA A TERRA E ENTRE TODAS AS MULHERES. QUER SABER QUEM É? AH! ENTÃO EU VOU LHE CONTAR...

É MARIA, A MÃE DE JESUS! ELA FOI ESCOLHIDA POR DEUS PARA SER A MÃE DE JESUS. FOI ASSIM QUE DEUS PENSOU PARA NOS DAR JESUS, SEU FILHO E NOSSO SALVADOR: ESCOLHEU MARIA PARA SER A MÃE DE JESUS!

Deus podia ter escolhido outro modo para nos dar Jesus. Mas não! Ele quis nos dar Jesus do jeito que nós pudéssemos entender. Por isso Ele nasceu de Maria, da mesma maneira que nós nascemos de nossa mamãe.

O Pai do Céu escolheu Maria, a quem também chamamos de Nossa Senhora, de Virgem Maria, porque ela era pura e santa. No coração de Nossa Senhora não tinha nenhum pecado, por isso ela foi a mulher mais bonita da Terra. O pecado nos deixa muito feios, sem Deus, sem vida. Jesus é nosso Salvador! Só com Ele, fazendo o que Ele nos mandou fazer, é que vamos para o céu! Nossa Senhora quer que escutemos muito Jesus.

UMA COISA PARA VOCÊ LEMBRAR SEMPRE:

Nossa Senhora é uma só! Não existem várias! Existem vários nomes para mostrar o amor de Nossa Senhora:

Nossa Senhora de Fátima, Nossa Senhora de Lourdes, Nossa Senhora de Guadalupe, Nossa Senhora Aparecida e outros.

VOCÊ SE LEMBRA DE OUTRO NOME DADO A NOSSA SENHORA?

TODOS OS NOMES QUE FORAM DADOS A NOSSA SENHORA REPRESENTAM A MÃE DE JESUS!

VAMOS AGORA COMPREENDER BEM COMO O PAI DO CÉU CHAMOU MARIA PARA SER A MÃE DE JESUS.

MARIA VIVIA EM NAZARÉ, UMA CIDADE BEM PEQUENA, LÁ NA PALESTINA. ELA ERA UMA MULHER SIMPLES, HUMILDE, CHEIA DE DEUS.

UM DIA, ELA ESTAVA EM SUA CASA E O ANJO GABRIEL FOI ENVIADO POR DEUS PARA DIZER A MARIA BEM ASSIM:

— "AVE, Ó CHEIA DE GRAÇA, O SENHOR É CONTIGO!"

CLARO, MARIA FICOU ATÉ ASSUSTADA, MAS O ANJO GABRIEL CONTINUOU DIZENDO A MARIA:

— "Não fiques com medo, Maria, porque o Pai do Céu está junto de ti".

Maria continuou conversando com o Anjo Gabriel e, depois que ela entendeu tudo, sabe o que Maria falou para o Anjo? Falou bem assim:

— Eis aquela que só quer fazer a vontade de Deus em sua vida!

Olhe como é bonito: Maria DISSE SIM PARA DEUS!

E nós devemos dizer SIM ou NÃO para Deus? O que você acha?

Pegue uma caneta ou lápis e escreva uma oração bem bonita, que nasça de seu coração, dizendo SIM para Deus em tudo que você faz.
Então escreva:

O SIM DE NOSSA SENHORA DEVE SER NOSSO SIM TAMBÉM!

OLHE, SABE O QUE ACONTECEU DEPOIS QUE O ANJO GABRIEL VOLTOU PARA O CÉU?
AH! NOSSA SENHORA PEGOU UMAS COISAS, COLOCOU DENTRO DE UMA MOCHILA E FOI EMBORA, BEM DEPRESSA, LÁ PARA A CASA DE ISABEL, SUA PRIMA.
NOSSA! QUANDO ISABEL PERCEBEU QUE NOSSA SENHORA ESTAVA CHEGANDO, FICOU TÃO FELIZ, MAS TÃO FELIZ, E FALOU ASSIM PARA NOSSA SENHORA:

— "COMO EU POSSO SER VISITADA PELA MÃE DE MEU SENHOR? TU ÉS A MAIS FELIZ ENTRE TODAS AS MULHERES, E BENDITO É O FRUTO DE TEU VENTRE".

VAMOS APRENDER:

O Anjo _____ foi enviado por Deus a uma cidade chamada _____ e a uma virgem chamada _____!

O Anjo falou que ela era a _____ para ser a mãe de _____!

E Maria respondeu que ia cumprir a _____ de Deus em sua vida!

Maria era uma Mulher muito _____ e _____ e também uma mulher _____!

Maria ficou na casa de _____ até _____ nascer!

"Eu sou a serva do Senhor, faça-se em mim segundo a tua Palavra."

(Gabriel–Nazaré–Maria / Escolhida–Jesus / Vontade / Simples–Humilde–Santa / Isabel–João Batista)

LEMBRE-SE:

Nossa Senhora respondeu à vontade de Deus, e nós também, todos os dias, devemos dizer SIM a Deus! Ele é muito bom para mim e para você, para seu papai e sua mamãe, para seus coleguinhas e todos nós. Por isso vamos dizer SIM todos os dias ao seu amor sem-fim!

VAMOS REZAR

Vamos rezar do jeito que Nossa Senhora tanto gosta: "Ave, Maria, cheia de graça, o Senhor é convosco, bendita sois vós entre as mulheres, e bendito é o fruto de vosso ventre, Jesus. Santa Maria, Mãe de Deus, rogai por nós pecadores, agora e na hora de nossa morte.
Amém!"

MARIA É A MÃE DE JESUS, PORQUE FOI ASSIM QUE O PAI DO CÉU QUIS QUE TUDO ACONTECESSE.
UM DIA, MARIA E JOSÉ FORAM OBRIGADOS A IR PARA BELÉM, UM LUGAR BEM LONGE DE NAZARÉ, ONDE MORAVAM.

E, ENQUANTO ESTAVAM POR LÁ, JESUS NASCEU, NUMA GRUTA, NUM LUGAR FORA DA CIDADE.
SABE POR QUÊ? PORQUE NINGUÉM DEU UM LUGAR PARA NOSSA SENHORA, NEM NAS CASAS, NEM NOS LUGARES DE HOSPEDAGEM.
O POVO DE BELÉM NÃO FICOU SABENDO QUE JESUS HAVIA NASCIDO. SÓ OS PASTORES, AQUELES QUE CUIDAVAM DAS OVELHAS PELOS CAMPOS, FORAM VISITAR JESUS. OS PASTORES ERAM MUITO SIMPLES, HUMILDES, POBRES. E JESUS FICOU CONTENTE COM A VISITA DELES.

NOSSA SENHORA QUER QUE VOCÊ AME MUITO JESUS. ELE É NOSSO MELHOR AMIGO. SÓ JUNTO DELE SEREMOS SEMPRE MUITO FELIZES.

Maria, a mãe de Jesus, esteve ao lado de Jesus até sua morte, lá no alto da cruz. Ela não o abandonou em nenhum momento. Esteve sempre ao seu lado. Por isso Nossa Senhora está sempre ao nosso lado também, pois ela nos ama muito. Feliz é quem ama Jesus e Nossa Senhora!

No Brasil, nós chamamos Nossa
Senhora de Nossa Senhora
Aparecida. Mas é a mesma
Mãe de Jesus.
É a mesma Maria de Nazaré.

FOI ASSIM:

Os pescadores começaram a pescar no rio Paraíba, para conseguir os peixes para o Conde de Assumar, que iria passar pelo povoado de Guaratinguetá, SP. Eles labutaram muito, mas não conseguiram os peixes.

Depois de muito tempo pescando, apareceu em suas redes a imagem de Nossa Senhora, quebrada, sem a cabeça.

Depois, outra vez nas redes, eles pegaram a cabeça da imagem. Aí disseram: "É a imagem de Nossa Senhora".

Desde esse momento começaram a aparecer muitos peixes, o suficiente para a festa do Conde de Assumar.

A partir daquele dia, o povo começou a venerar Nossa Senhora e a chamá-la de Aparecida. Por isso até hoje nós a chamamos de Nossa Senhora Aparecida. Ela nos ama muito, protege e guarda as crianças do nosso Brasil.

É muito simples a história de Nossa Senhora Aparecida, não é? Mas é muito bonita. E foi assim que ela quis mostrar para nós seu amor de Mãe. Você já aprendeu muitas coisas bonitas de Nossa Senhora. Mas há muito ainda para aprender.

Você vai crescendo e aprendendo e vai descobrindo o quanto Nossa Senhora é importante para o cristão. Sem ela não temos Jesus. Ela é a Mãe de Jesus e nossa Mãe.
Agora nós vamos rezar uma oração muito bonita e que precisamos saber de cor. Rezando todos os dias essa oração para Nossa Senhora, você vai decorar. E aí fica mais fácil rezar. Ela se chama SALVE-RAINHA.

VAMOS REZAR

"Salve, Rainha, Mãe de misericórdia, vida, doçura e esperança nossa, salve! A vós bradamos, os degredados filhos de Eva; a vós suspiramos, gemendo e chorando neste vale de lágrimas. Eia, pois, Advogada nossa, esses vossos olhos misericordiosos a nós volvei e, depois deste desterro, mostrai-nos Jesus, bendito fruto do vosso ventre, ó clemente, ó piedosa, ó doce Virgem Maria! Rogai por nós, Santa Mãe de Deus, para que sejamos dignos das promessas de Cristo. Amém."